SOUVENIRS

DE

MA VIE D'INSTITUTRICE

FRAGMENTS

PAR

Mᵐᵉ ITEY Jeune

DE TIZAC-DE-CURTON

BORDEAUX

IMPRIMERIE BORDELAISE J. LAMARQUE

43, Rue Porte-Dijeaux, 43

1879

Dédié

A Monsieur le Docteur C...

Monsieur Le Docteur,

Comme chrétien et comme père, vous avez meilleure opinion du mérite des femmes, que ces savants Docteurs, dans le conseil tenu à Macon en 585, qui ont donné à l'âme femelle un si triste lot.

Heureusement, Monsieur le Docteur, vous, et vos honorables collègues, les savants de notre siècle de lumière, vous voulez bien accorder aux femmes un grain de faculté, quoiqu'elles ne fassent partie d'aucune Faculté?

J'ose donc, Monsieur le Docteur, vous présenter quelques fragments de la faible production d'un génie non exercé, — persuadée, Monsieur le Docteur, que vous ne serez pas un Molière pour moi, — car, vous êtes divin comme Esculape, et généreux comme Hippocrate.

Émilie Itey jeune.

SOUVENIRS

DE MA VIE D'INSTITUTRICE

DIALOGUE

DE DEUX DE MES PENSIONNAIRES

le jour de leur première communion

EN 1867

HERMENCE

Chère Eugénie ! que pourrons-nous faire pour exprimer à notre bien-aimé pasteur, toute la reconnaissence qui nous anime pour tous les bienfaits dont il nous a comblés, depuis que la Divine Providence a voulu qu'il veillat sur nous d'une manière toute particulière ?

EUGÉNIE

Bonne Hermence, quoique nous fassions cela ne sera jamais en notre pouvoir ! non, jamais, car, il est des bienfaits dont nul ne saurait s'acquitter ici-bas et que Dieu se réserve de récompenser au centuple dans l'autre vie.

HERMENCE

Que Dieu se charge donc de notre dette et qu'il déverse sur lui ses grâces les plus abondantes.

Avons-nous besoin de proclamer ici, devant ceux qui nous entourent, et qui tous connaissent son zèle infatigable, avec quelle tendre sollicitude il a veillé à notre instruction, à notre conduite, avec quelle bonté toute paternelle il nous a conduites comme par la main à ce jour de bonheur qui luit sur nos têtes.

EUGÉNIE

Oh! oui, chère compagne, c'est un bien bon père!.., L'écriture sainte raconte que Tobie sur le point d'envoyer son fils sur une terre lointaine, lui donna de sages instructions et tout ce qui était nécessaire pour le voyage. Et lui, est pour nous un père aussi tendre, aussi éclairé que Tobie. Avant de nous laisser entreprendre le périlleux trajet de cette vie, il nous a prodigué trois ans d'instructions salutaires, et pour provision de voyage il nous a donné ce ce pain des forts, qui relève et soutient le courage. Mais que dis-je? Il a fait encore pour nous plus que ne fit Tobie! Ce saint vieillard confia son fils à un guide étranger, et lui, il a voulu être lui-même notre guide.

HERMENCE

Et pourrions-nous, nous en étonner? A l'exemple du divin Maître, n'est-il pas le bon pasteur qui consacre toute sa vie à ses brebis? Ah! si son amour ne peut renoncer à nous servir de guide dans la voie du salut, n'est-ce pas, mes amies, qu'il nous sera toujours doux d'être ses brebis chéries, d'écouter toujours sa voix aimée, d'être fidèles à nos engagements de ce jour, d'obéir avec docilité, avec amour, aux avis de notre tendre et vénéré Pasteur,

EUGÉNIE se tournant vers Monsieur le Curé, avec une profonde inclination.

« Monsieur le Curé,

» Comme gage de cette promesse sacrée, et comme un faible témoignage de notre éternelle reconnaissance, daignez, maintenant, agréer ces quelques présents, sûres, que vous n'y verrez que la sincère effusion des cœurs reconnaissants qui osent vous les offrir.

» Maintenant, chacune de nous va poursuivre sa route dans la vie, qui sait les écueils qui viendront entraver notre marche? Mais vos précieux conseils seront pour nous dans tous les temps une égide secourable pour nous en garantir.

» Merci, Monsieur le Curé, du fond de notre cœur mille fois. merci! Pour vous prouver notre affection et notre gratitude, nous nous efforcerons de ne jamais nous écarter de la voie que vous nous avez montrée. »

DIALOGUE

DE TROIS DE MES PENSIONNAIRES

le jour de leur première communion

EN 1855

MARIE.

Eh! bien, ma chère Louise, le voici donc arrivé ce beau jour de notre première communion, — celui qu'on nous assurait être le plus beau de notre vie, — dis, — crois-tu qu'on nous ait trompées?

LOUISE.

Oh! non, on ne nous a pas trompées, car maintenant, il me semble que je n'ai rien à envier aux Anges eux-mêmes.

ANGÈLE.

Ils voient leur créateur, — c'est vrai, — mais nous! — Nous le possédons dans notre cœur. — Oh! Marie! quand on pense à cela pourtant!.... avoir un Dieu dans son cœur.

MARIE.

C'est terrible à penser!.... il faut l'avouer! mais bien consolant aussi; car, notre Dieu est surtout notre père?...,

LOUISE.

Ah! tu nous rassures, bonne amie!.... un père est toujours indulgent et tendre! et il aura pitié de pauvres enfants qui ne comprennent peut-être pas assez la grandeur de sa divinité!

ANGÈLE.

Dieu aime les cœurs simples, — il l'a dit lui-même. — Ne cherchons donc pas à sonder la profondeur du mystère qui vient de s'accomplir en nous, et ne pensons qu'à aimer notre bon Jésus de toute notre âme.

MARIE.

Pourquoi les jours qui vont suivre ne doivent-ils plus ressembler à celui-ci, — il n'y a qu'une première communion.

LOUISE.

Il dépend de nous d'être toujours aussi heureuses !.... Soyons vertueuses....., toujours vertueuses, et vous savez, chères amies, ce qu'on nous a si souvent répété au catéchisme pendant cette sainte année, trop tôt écoulée ; le bonheur s'achète avec la vertu.

ANGÈLE.

Oh ! pour être toujours aussi heureuse qu'aujourd'hui, — je veux toujours aimer la vertu.

LOUISE.

Eh ! pour que cette promesse soit plus sacrée....., faisons en dépositaire notre bien-aimé Pasteur, et prenons-le pour modèle dans nos efforts pour le bien.

MARIE, se tournant vers M. le Curé.

« MONSIEUR LE CURÉ,

» voulez-vous bien recevoir la promesse que nous vous faisons, de ne jamais oublier les bons sentiments que ce saint jour suggère à notre cœur, et recevoir en même temps, l'expression de notre amour et de notre reconnaissance pour les bienfaits sans nombre que notre âme a reçus dans cette église bénie.

» Par vos sages conseils, par vos soins vigilants, par votre zèle éminemment religieux....., vous avez fait, d'enfants ignorantes et légères, des chrétiennes capables de comprendre et d'apprécier l'immense félicité que leur réservait ce jour béni. Aussi, en quelque lieu que nous nous trouvions, chacune de nous tressaillera au souvenir de M. Bec, car ce nom ne nous rappellera que des images de paix et d'innocence et sera seul assez puissant pour nous maintenir toujours dans la voie de la vertu.

» Daignez, Monsieur le Curé, accepter ce minime cadeau que nous osons vous faire. S'il a quelque prix à vos yeux, regardez-le comme un gage de notre éternelle reconnaissance.

LE JOUR D'UNE PREMIÈRE COMMUNION

—

PREMIER COUPLET

Maman, quelle bonne journée !
Et combien elle fait d'heureux !
Oh ! je chéris ma destinée !
Je suis au comble de mes vœux !
Mais, que dois-je faire à mon âge
Pour conserver ce bonheur-là : (*bis*)
T'aimer, t'obéir, être sage,
Et le bon Dieu me bénira ! (*bis*).

2me COUPLET

Oui, je te dois, ma tendre mère,
Tout mon bien-être d'aujourd'hui,
Et puis aux soins de mon bon père,
A ton infatigable appui,
Le feu sacré de ma tendresse
Pour vous jamais ne s'éteindra ; (*bis*)
J'embellirairai votre vieillesse,
Et le bon Dieu vous bénira ! (*bis*).

3me COUPLET

Sans regrets, je quitte l'enfance
Et son travail et tous ses maux,
Je vais, dans mon adolescence,
Me livrer à d'autres travaux ;
Je veux me soumettre à l'usage !
M'instruire, coudre et cœtera (*bis*)
Aider Maman dans le ménage,
Et le bon Dieu me bénira ! (*bis*).

4me COUPLET

(A la Maîtresse de pension)

Merci, cent fois, bonne Maîtresse,
A vous tous mes succès sont dus ;
Si j'envie une autre richesse,
C'est de posséder vos vertus
Et vos talents !... Je les honore !
Cédez-m'en tant qu'il vous plaira (*bis*)
C'est bien vous tourmenter encore,
Mais, le bon Dieu vous bénira ! (*bis*).

5me COUPLET

(A mes petites Amies)

Mes chères compagnes d'études,
Camarades de chaque jour,
Conserverons-nous l'habitude
De rire et jouer tour-à-tour ?
Papa, tu vois, je suis gentille,
Accorde-moi ce bonheur là... (*bis*)
Je serai toujours bonne fille,
Et le bon Dieu te bénira ! (*bis*).

6me COUPLET

(Couplet du Papa)

Ma chère enfant, que d'espérance
Et que d'avenir dans tes vœux !
Exaucés de la Providence
Nous serons tous les trois heureux !
Le bon exemple de ta mère
Dans la vertu te conduira (*bis*)
Tu seras bonne ménagère,
Et le bon Dieu nous bénira ! (*bis*).

PETITE ALLOCUTION

A l'occasion du mariage d'une de mes élèves

—

MES BIEN CHERS ÉPOUX,

Permettez à votre institutrice, à l'amie de votre enfance, de prendre en ce moment, la parole pour vous adresser quelques mots que lui suggère le vif intérêt qu'elle vous porte.

Mon cher Eugène, ma bien-aimée Mathilde!... qu'il est grand le spectacle que vous nous offrez aujourd'hui!... qu'il est digne d'attention! Combien il émeut vivement tous ceux qui vous sont véritablement attachés!... Du jour qui luit sur vous va dépendre tout votre avenir, tout votre bonheur!... Oui, c'est aujourd'hui que s'ourdit dans le ciel la trame de la destinée que le Seigneur vous prépare. Sera-t-elle heureuse? Oh! j'en ai la confiance autant que le désir.

Aimez-vous bien! Ce mot renferme tout le secret du bonheur en ce monde. Deux époux unis d'une tendresse réciproque. Oh! n'est-ce pas là un spectacle à réjouir le cœur des anges.

Toi, cher Eugène, si bon pour tous, tu ne pourras manquer d'avoir toutes les attentions que mérite cette tendre épouse, dont les parents et les amis te confient aujourd'hui le bonheur!...

Le bon Dieu te la donne pour embellir ta vie, pour t'aider à en supporter les peines et à en remplir les devoirs. Tu n'oubliera pas que cette tendre mère remet dans tes mains son plus précieux trésor, le salut d'un enfant qui faisait le charme de sa vie. Tu l'entoureras de toutes les prévenances, de toute l'affection dont ses qualités la rendent si digne. Et votre alliance ne sera qu'une chaîne de bonheur! Le serment redoutable que vous avez prononcé ce matin au pied de l'autel, ne sera que l'expression sincère des sentiments dont vos âmes sont animées. Vous n'oublierez jamais la religion, que vos mères, si vertueuses et si chrétiennes, vous ont appris à aimer. Elle seule rendra vos affections durables, en les rendant pures, par elle vous vous unissez aujourd'hui pour ne cesser jamais de vous aimer.

Toi, ma bien-aimée Mathilde, que j'ai guidée pendant sept ans dans la voie du salut et de l'instruction ; ce ne sera pas toi qui oublieras les devoirs que la religion impose. Tu t'acquitteras envers ton époux, en réalisant pour son bonheur tout ce que promet ta jeunesse, qu'il trouve toujours en toi la même modestie, la même douceur.

Bien jeune, tu quittes la maison paternelle, le sein d'une mère ! mais la famille dans laquelle tu es entrée ne t'est pas étrangère ; c'est maintenant la tienne. Tu y trouveras une seconde mère, que le Seigneur a douée de tout ce qu'il faut pour te servir en tout de guide et de conseil. Celui qu'il te sera permis d'appeler du doux nom de père en a déjà pour toi toute la tendresse, et pour la mériter toujours tu n'as qu'à te montrer semblable à ce que tu es aujourd'hui.

Ainsi donc, mes chers enfants, de quel côté que nous tournions, nos regards, nous n'apercevons que d'heureux présages pour votre avenir. Vous avez une position qui vous permet de jouir de l'estime et de la considération. Vous possédez tout ce qu'il faut pour embellir la vie.

Soyez heureux ! c'est le vœu bien sincère que je forme pour vous.

Bordeaux. — Imp. J. Lamarque, rue Porte-Dijeaux, 43

www.ingramcontent.com/pod-product-compliance
Lightning Source LLC
LaVergne TN
LVHW020856200726
843508LV00003B/1217